Traduction de l'américain par Catherine Bonhomme

Titre original : The Monkey and the Crocodile
Published by special arrangement with Clarion Books,
a Houghton Mifflin Company Imprint, Boston, Usa

ISBN 978-2-87833-422-7
Imprimé en France. Dépôt légal : août 2007
Loi n° 49-956 du 16 juillet 1949
sur les publications destinées à la jeunesse

Le singe et le crocodile

un conte indien réécrit et illustré par

Paul Galdone

ALBUMS
circonflexe

DANS LA JUNGLE, au bord d'un fleuve, se dressait un très grand arbre. C'était un manguier dans lequel vivaient plein de singes, qui sautaient de branche en branche et mangeaient des mangues tout en jacassant.

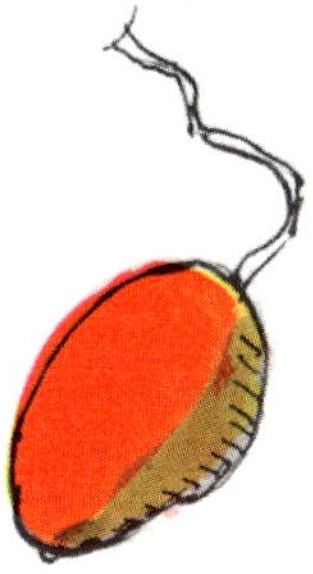

Des crocodiles, toujours affamés, se baignaient dans le fleuve
puis se chauffaient au soleil sur les berges.

L'un d'entre eux, parmi les plus jeunes, était encore plus affamé que les autres. Il n'avait jamais assez à manger.

Il observait les singes depuis longtemps.
Puis un jour il s'adressa à un vieux crocodile plein de sagesse.
« J'aimerais bien attraper un singe et le manger », lui dit-il.

« Comment donc veux-tu l'attraper ? lui demanda son aîné. Tu ne vis pas sur terre et les singes ne vivent pas dans l'eau. En outre, les singes sont beaucoup plus rapides que toi. »

« Ils sont peut-être plus rapides, mais moi je suis beaucoup plus malin qu'eux. Tu vas voir ! »

Pendant des jours et des jours, le jeune crocodile passa son temps dans l'eau à observer les singes.

C'est ainsi qu'il en remarqua un tout jeune, plus agile que les autres. Ce singe s'amusait à sauter sur les branches à la cime de l'arbre pour y cueillir les mangues les plus mures.

« C'est celui-ci que je veux, se dit le crocodile. Mais comment vais-je faire pour l'attraper ? »

Il réfléchit très très fort et eut enfin une idée.

« Singe ! cria-t-il, tu ne voudrais pas venir avec moi sur l'île où poussent de très beaux fruits ? »

« Oh si ! dit le singe. Mais comment vais-je pouvoir venir avec toi ? Je ne sais pas nager. »

« Je te prendrai sur mon dos », répondit l'autre en souriant de toutes ses dents.

Le singe avait très envie de goûter des fruits si appétissants.
Alors hop ! il sauta sur le dos du crocodile.

« En route ! » cria celui-ci en glissant dans l'eau.

« Tu me fais faire une bien belle promenade », dit le singe.

« Tu trouves ? Eh bien, voyons, que dis-tu de ça ? »
Et le crocodile plongea brusquement sous l'eau.

« Oh non ! » supplia le singe. Il avait peur de glisser et ne savait que faire.

Quand le crocodile remonta à la surface, son compagnon frissonnait.
« Pourquoi m'as-tu entraîné sous l'eau ? demanda-t-il.
Tu sais bien que je ne sais pas nager. »

« Mais c'est parce que je veux te noyer, répondit le crocodile.
Et ensuite je te mangerai. »

Le singe tremblait de peur. Mais il avait l'esprit rapide et,
avant que le crocodile ne plonge encore une fois :
« Quel dommage, s'exclama-t-il, que tu ne m'aies pas dit plus tôt
que tu voulais me manger ! Si je l'avais su, j'aurais apporté mon cœur. »

« Ton cœur ? » interrogea le crocodile.

« Bien sûr ! C'est la partie la plus délicieuse de moi.
Mais je l'ai laissé sur mon arbre. »

« Alors retournons immédiatement le chercher », dit le crocodile en faisant demi-tour.

« Mais nous sommes tout près de l'île, observa le singe. S'il te plaît, conduis-moi d'abord là-bas. »

« Non ! Je t'emmène d'abord à ton arbre. Tu y prends ton cœur et me l'apportes aussitôt. Nous verrons ensuite ce que nous ferons pour l'île. »

« Très bien », dit le singe.

Et le crocodile retourna vers la berge.

À peine arrivé à terre, le singe s'élança sur la plus haute branche de son arbre. Puis il cria au crocodile : « Mon cœur est tout là-haut. Si tu le veux, viens le chercher ! Viens ! » Et il se mit à rire comme un fou tandis que le crocodile frémissait de rage.

La nuit venue, le singe abandonna son manguier et longea longuement le fleuve. Il voulait s'éloigner du crocodile pour pouvoir vivre en paix.

Mais l'autre était têtu et bien décidé à l'attraper. Il le chercha tant et tant qu'il finit par le retrouver, installé dans un autre arbre.

Au beau milieu de la rivière, entre la nouvelle demeure du singe et l'île, se dressait un énorme rocher. C'est alors que le crocodile vit le singe sauter de la berge sur le rocher, puis du rocher sur l'île aux arbres regorgeant de fruits.

« Le singe va passer sa journée sur l'île, se dit le crocodile. Mais ce soir il finira bien par rentrer chez lui. Et alors je l'attraperai. »

Durant plusieurs heures, le singe fit un véritable festin tandis que le crocodile nageait alentour tout en l'épiant. Vers la fin de la journée, le reptile sortit de l'eau et s'allongea sur le rocher en prenant soin de ne pas bouger d'un pouce.

Lorsque la nuit tomba, le singe décida de rentrer.
Mais comme il courait vers la rive, il s'arrêta tout net.

« Que se passe-t-il sur ce rocher ? s'étonna-t-il. Je n'avais jamais remarqué qu'il était si haut ! Il doit y avoir quelque chose dessus. »

Le singe s’approcha de l’eau et cria : « Hello, Rocher ! »
Mais pas de réponse.
Il répéta : « Hello, Rocher ! »
Mais toujours pas de réponse.

Le singe appela ainsi trois fois, puis il demanda :
« Pourquoi donc ne me réponds-tu pas ce soir, frère Rocher ? »

« Oh ! se dit le crocodile, d'habitude, le soir, le rocher parle au singe.
Il faut donc que cette fois je réponde à sa place. »

Et c'est ce qu'il fit. « Oui, Singe ! Qu'y a-t-il ? »

L'autre éclata de rire et dit :
« Ah ! C'est toi, Crocodile, n'est-ce pas ? »

« Oui ! C'est moi. Je t'attends, et je vais te dévorer ! »

« Cette fois, tu m'as bel et bien attrapé, dit le singe d'un air effrayé. Je n'ai pas d'autre chemin pour rentrer chez moi. Alors, ouvre ta mâchoire tout grand pour que je saute directement dedans. »

Car le singe savait bien que, lorsque les crocodiles ouvrent grand la mâchoire, ils ferment les yeux.

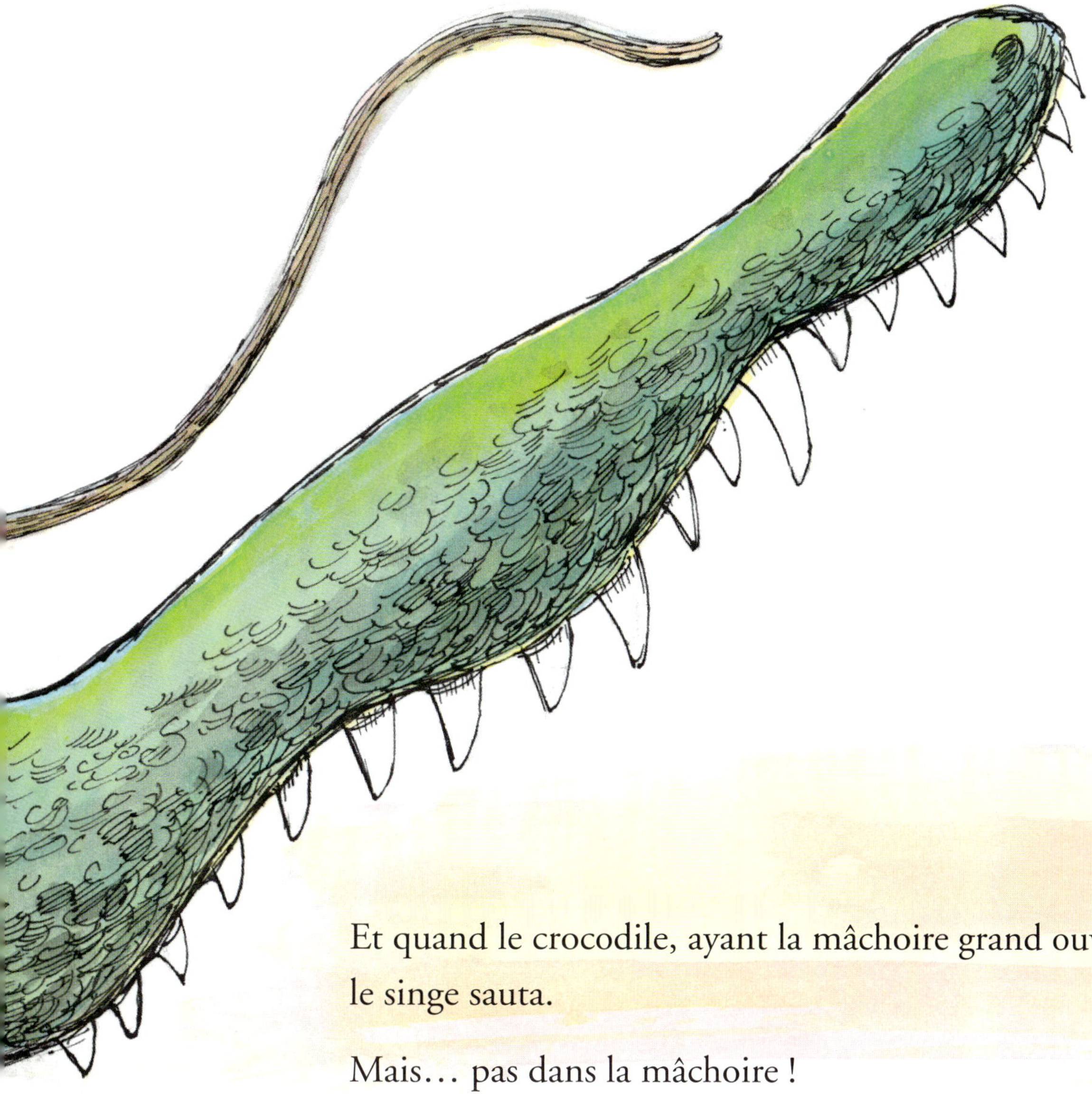

Et quand le crocodile, ayant la mâchoire grand ouverte, ferma les yeux, le singe sauta.

Mais… pas dans la mâchoire !

Il atterrit sur le crâne du crocodile, d'où il sauta prestement sur la berge et regagna son arbre à toute allure.

Lorsque le crocodile comprit le tour que lui avait joué le singe, il lui dit : « Je croyais que j'étais rusé, mais tu es beaucoup plus rusé que moi. Et en plus tu n'as pas peur. Je vais donc te laisser tranquille. »

« Merci, dit le singe. Mais cela ne m'empêchera nullement de continuer à me méfier de toi. »

Et c'est ce qu'il fit, si bien que le crocodile ne l'attrapa jamais, au grand jamais.